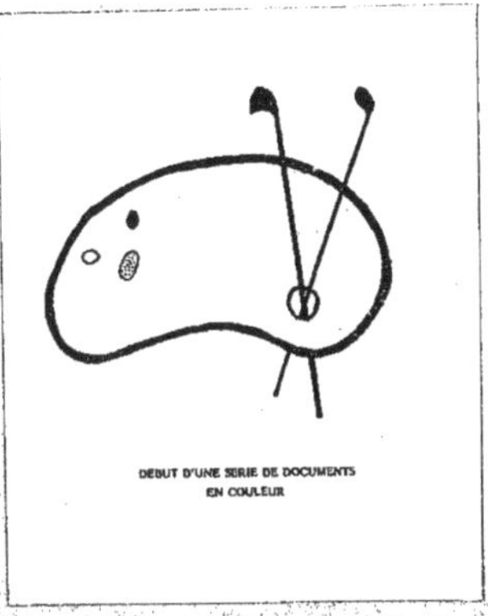

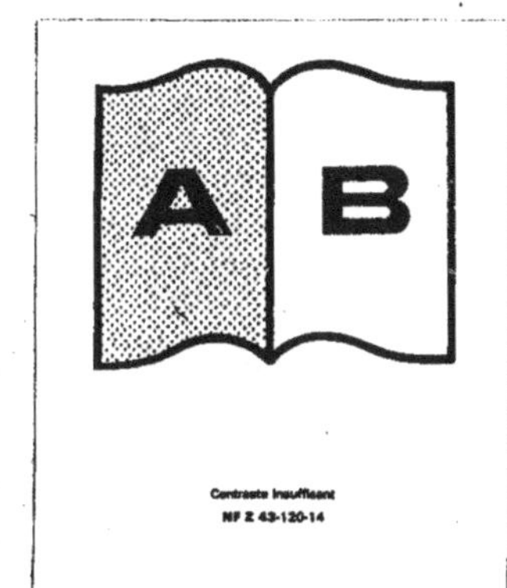

COUVERTURES SUPERIEURE ET INFERIEURE

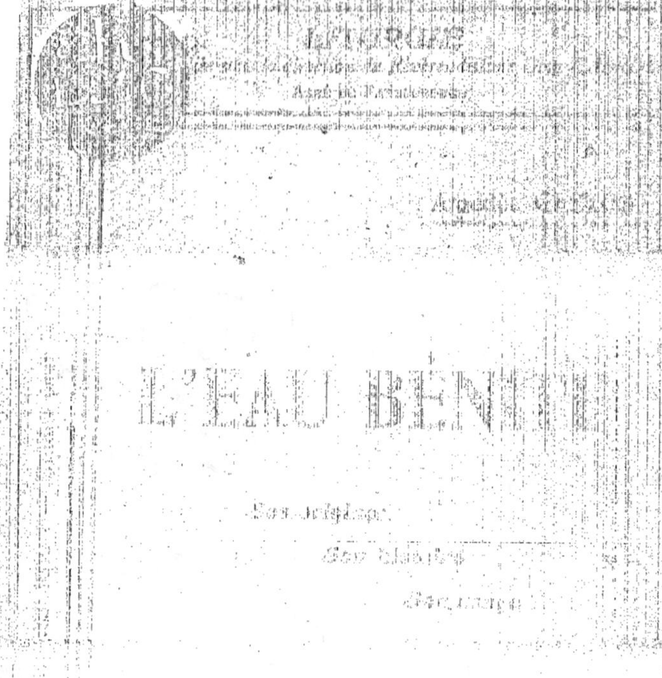
L'EAU BÉNITE
FLAMMARION & Cie

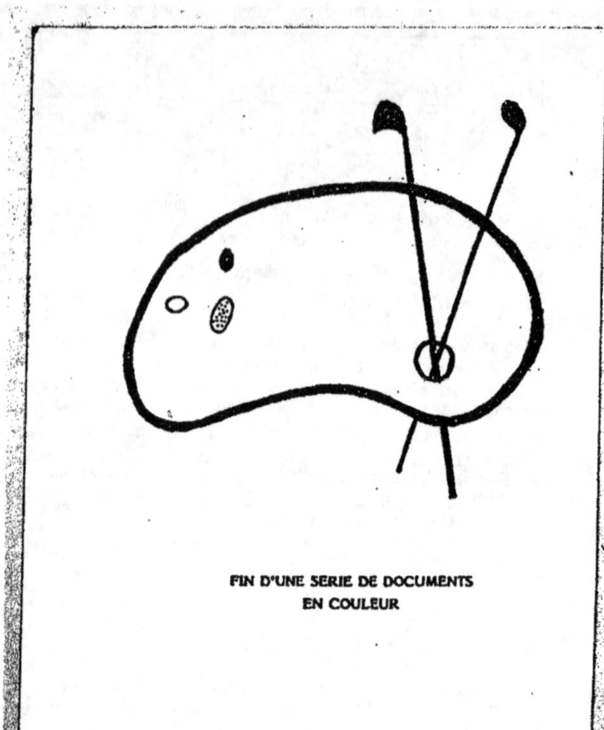

FIN D'UNE SERIE DE DOCUMENTS
EN COULEUR

L'EAU BÉNITE

SES ORIGINES

SON HISTOIRE

SON USAGE

PAR

Amédée GASTOUÉ

PARIS

LIBRAIRIE BLOUD & Cie

4, RUE MADAME, 4

1907

Reproduction et traduction interdites.

MÊME COLLECTION

L'EAU BÉNITE

Partout où il y a des chrétiens, j'entends des chrétiens ayant complètement gardé les traditions anciennes, partout on trouve l'usage de l'eau sanctifiée par la bénédiction du prêtre.

C'est l'eau du baptême, c'est celle dont on se sert pour la consécration des églises, c'est l'eau bénite ordinaire, dont l'emploi est le plus fréquent.

Lorsqu'au Samedi-Saint, dans nos rites d'Occident, pendant la vigile pascale, ou bien au samedi veille de Pentecôte, l'évêque ou le prêtre a consacré l'eau, les fidèles s'empressent d'en prendre pour conserver dans leur maison, en vue surtout de son emploi en cas de maladie ou de mort. On trouve une eau semblable à la porte des églises, où ceux qui entrent puisent pour se purifier. Dans certains pays très chrétiens, on trouve partout des bénitiers contenant l'eau sainte, aussi bien au chevet du lit qu'à l'entrée d'un lieu public.

Dans les contrées qui suivent un des rites orientaux, c'est à l'Epiphanie qu'a lieu la bénédiction solennelle de l'eau, et les fidèles aiment à boire aux repas de ce jour quelques gouttes de l'eau ainsi bénite.

En plus de ces consécrations faites avec grand apparat, le prêtre bénit l'eau plus simplement, dans le cours de l'année, chaque fois qu'il en est besoin.

D'où viennent ces usages ? Quelle est l'origine de l'eau bénite ?

L'eau bénite

dans l'antiquité juive et païenne

L'origine de l'eau bénite doit être cherchée dans l'emploi des éléments naturels, destinés à un usage religieux, soit pour le culte public, soit pour la dévotion privée.

Toute l'antiquité a connu un tel usage de l'eau, et, partout, on lui a attribué un sens purificatoire, tiré de ses propriétés naturelles.

L'eau, en effet, n'est-elle pas ce qui lave et nettoie toute souillure ? N'a-t-elle pas ce pouvoir fécondant dont la crue du Nil fait sentir les bienfaits à toute l'Egypte ? N'est-ce pas l'eau qui répand ou maintient la vie à la surface du globe, soit qu'elle s'épanche dans les canaux naturels des fleuves, soit qu'elle s'élève sous forme de vapeurs impalpables, et retombe ensuite des nues en rosées rafraîchissantes ? Les corps animés eux-mêmes renferment une forte proportion d'eau, à tel point que les sérums les plus récemment découverts pour combattre la faiblesse du sang et de la constitution humaine sont simplement composés d'eau et de sel.

Aussi, pour telle philosophie antique, comme

celle prônée par Thalès de Milet, l'eau était le principe de toutes choses. Et, dans les temps modernes, c'est encore dans un sédiment, que l'on croyait à tort d'origine aqueuse, que certains savants ont cherché un prétendu *protoplasma* de tout être animé.

Voyons d'ailleurs comment s'exprime l'auteur inspiré, dans le magnifique poëme par où s'ouvrent les livres saints :

« Au commencement Dieu créa le ciel et la terre. Mais la terre était sans forme et sans ornement, et les ténèbres étaient sur la face de l'abîme, et l'Esprit de Dieu était étendu sur les eaux...

« Et Dieu dit aussi : Qu'il soit fait un soutien au milieu des eaux, et qu'il divise les eaux d'avec les eaux. Et Dieu fit ce soutien [ou firmament], et il sépara les eaux qui étaient sous le firmament de celles qui étaient dessus. Et cela se fit ainsi. Et Dieu appela ce soutien : Ciel...

« Et Dieu dit : Que les eaux qui sont sous le ciel se rassemblent en un seul lieu, et que l'élément sec apparaisse. Et cela se fit ainsi. Et Dieu appela ce qui était sec : Terre, et le rassemblement des eaux : Mer.

« Et Dieu dit aussi : Que les eaux produisent des animaux vivants et rampants [ou nageants], et des animaux volants au-dessus de la terre sous le firmament du ciel (1). »

____

(1) In principio creavit Deus cælum et terram. Terram autem erat inanis et vacua, et tenebræ erant super faciem abyssi, et Spiritus Dei ferebatur super aquas...

Ainsi, d'accord avec toutes les découvertes les plus modernes, la Bible fait sortir de l'eau la terre, élément sec séparé de l'élément humide, et en fait naître les premières manifestations de la vie animée. De sorte que saint Augustin a pu dire, en expliquant le texte ci-dessus :

« Les cieux et la terre ne furent d'abord que de l'eau et par l'eau » ; et encore : « Il n'y a donc rien d'absurde à dire que cette matière première était de l'eau, puisque tout ce qui naît sur la terre, êtres vivants, herbes, arbres et autres choses semblables, a été au commencement formé et nourri par l'eau (1). »

D'où on pourrait rapprocher l'étymologie donnée par le romain Festus du mot *aqua*, et qu'il est impossible de rendre en français : « *Aqua, a qua iuvamur* », *A qua*, c'est *par quoi* nous sommes soutenus, ou « *a qua omnia* », *par quoi* toute chose existe.

Se servir de l'eau dans un but religieux, c'est donc se rénover dans l'élément primordial, retourner aux origines, et, par conséquent, se purifier, non pas seulement d'une tache exté-

Dixit quoque Deus : Fiat firmamentum in medio aquarum, et dividat aquas ab aquis. Et fecit Deus firmamentum, divisitque aquas quæ erant sub firmamento ab his quæ erant super firmamentum. Et factum est ita. Vocavitque Deus firmamentum : Cælum.
Dixit vero Deus : Congregentur aquæ quæ sub cælo sunt in locum unum : et appareat arida. Et factum est ita. Et vocavit Deus aridam : Terram ; congregationesque aquarum appellavit Maria.
Dixit etiam Deus : Producant aquæ reptile animæ viventis, et volatile super terram sub firmamento cæli. Genes., I, 1, 2, 6-10, 20.

(1) *Cité de Dieu*, l. XX, c. xviii ; — *Contra Manich.*, l. VI, c. vii,

rieure et visible, mais de toute souillure qui afflige notre être entier, en le ramenant au principe de toute nature créée.

Etudier l'eau bénite dans ses origines, son histoire, l'usage qui en est fait, c'est ainsi remonter presque aux origines de l'humanité, aux origines, en tout cas, des civilisations et des cultes antiques. C'est rechercher d'abord ce qu'ont pensé de l'eau, employée comme moyen de religion, le Juif et le Romain, l'Égyptien et le Grec ; c'est voir comment l'Église a su transformer, au profit de l'élévation de l'âme et du culte du Dieu unique, des coutumes par où les païens croyaient s'affranchir de toute impureté, ou honorer les dieux fictifs.

Les plus anciens documents qui concernent soit des cérémonies purificatrices, soit l'usage de l'eau comme moyen de purification, sont les livres saints de l'Ancien Testament.

L'Exode, le Lévitique et surtout les Nombres nous donnent de nombreux renseignements sur les lois de Moïse, telles qu'elles étaient pratiquées quinze siècles avant notre ère.

Dans l'Exode, une ablution est prescrite avant l'onction sacerdotale (xxix, 4), et une autre avant que les prêtres n'entrent au Tabernacle ou offrent l'encens (xxx, 19, 20).

Déjà, lorsque Moïse, trois jours avant la promulgation de la loi au Sinaï, vient pour sanctifier le peuple (xix, 10, 14), la tradition rabbinique enseigne que cette sanctification eut lieu par ablution ; c'était un baptême de pénitence, et, comme le dit Maïmonides, un sacrement (1). C'est pourquoi, bien que la Loi, faite pour les seuls Israélites, ne l'ait pas prescrit, les Juifs, lorsqu'ils firent des prosélytes, à une époque postérieure à la captivité de Babylone, non seulement les circoncisaient, mais leur donnaient un baptême de pénitence et de régénération.

C'est un baptême analogue que conféra plus tard saint Jean, lorsque ceux qui se convertissaient à sa prédication confessaient leurs péchés, et entraient en priant dans l'eau du Jourdain, tandis que le Baptiste leur faisait l'infusion consacrée (2).

Le chapitre IV, versets 5 à 7, du Lévitique, mentionne l'aspersion du sang comme purificatrice ; bien entendu, du sang provenant d'un animal offert en sacrifice sur l'autel : « On aspergera sept fois, du sang du passereau immolé, celui qui doit être purifié... *sanguine passeris immolati, quo asperget illum, qui mundandus est, septies.* »

Au livre des Nombres, on trouve les règles mosaïques sur l'emploi, non plus du sang, mais de l'eau. Le chapitre XIX, versets 9 à 18, nous en fait connaître plusieurs cas, ainsi que les mélanges destinés à l'eau de l'aspersion. Ce

---

(1) Cf. SEPP, *Vie de Jésus*, I, 218.

(2) Et baptizabantur ab eo in Jordane, *confitentes peccata sua...* Ego quidem *baptizo* vos in aqua *in pœnitentiam*. Matth., III, 6, 11. Factum est autem cum baptizaretur omnis populus, et Jesu *baptizato, et orante.* Luc., III, 21.

mélange était fait avec de la cendre provenant
des sacrifices, offerts comme satisfaction pour
les péchés, dont on mettait une partie en contact
avec l'eau : « Ils prendront des cendres provenant de la combustion pour le péché, et mettront
sur elle des eaux vives dans un vase » (v. 17).
« Celui qui aura touché un cadavre, sera impur
pendant sept jours : on l'aspergera de cette eau,
le troisième et le septième jour, et ainsi il sera
purifié... Celui qui aura touché un corps humain
mort, et n'aura pas été aspergé de ce mélange,
souillera le tabernacle du Seigneur... Un homme
pur trempera de l'hysope dans ces eaux, et
aspergera avec elle toute la tente, et les hommes
ainsi souillés (1). »

Dans un autre chapitre (xxi, v. 23), on voit,
après le sac des villes des Madianites, prescrit
« que tout ce qui peut passer sous la flamme,
sera purifié par le feu ; et ce qui ne peut sou-
tenir le feu, sera sanctifié par l'eau d'expiation (2). »

Ces prescriptions rigoureuses étaient néces-

---

(1) « 11. Qui tetigerit cadaver hominis, et propter hoc septem die-
bus fuerit immundus : 12. Aspergetur ex hac aqua die tertio et septimo, et sic mundabitur ; si die tertio aspersus non fuerit, septimo non
poterit emundari. 13. Omnis qui tetigerit humanæ animæ mortici-
nium, et aspersus hac commistione non fuerit, polluet tabernaculum
Domini... 17. Tollentque de cineribus combustionis atque peccati, et
mittent aquas vivas super eos in vas. 18. In quibus cum homo mun-
dus tinxerit hyssopum, asperget ex eo omne tentorium, et cunctam
supellectilem, et homines huiuscemodi contagione pollutos. »

(2) « Et omne quod potest transire per flammas, igne purgabitur :
quidquid autem ignem non potest sustinere, aqua expiationis sancti-
ficabitur. »

saires pour donner au peuple sans formation
qu'étaient alors les fils d'Israël à la fois des
idées de respect pour les choses saintes, et
des habitudes non seulement d'hygiène, mais
de propreté, dans les actions ordinaires de la
vie.

On conçoit, en effet, que, dans un pays fort
chaud, celui qui touche imprudemment le
cadavre d'un homme mort depuis quelque
temps déjà, s'expose à contracter, et à faire
contracter aux siens une infection mortelle,
surtout si le corps touché, rencontré peut-être
dans le désert, abandonné par une caravane,
a succombé lui-même aux atteintes d'une infection, de la dysenterie, du charbon, fréquents
dans de telles conditions.

En soumettant ainsi étroitement à des impuretés de caractère religieux les Hébreux qu'il
avait fait sortir de l'Egypte, Moïse faisait
acte de civilisateur et de missionnaire. De
civilisateur, en agissant par pression légale
sur ceux qu'il dirigeait, — pression légale souvent appuyée de pénalités rigoureuses, même
la mort ; — de missionnaire, en les forçant
à élever leurs pensées vers un idéal religieux
auquel leur vie d'esclavage antérieur ne les
préparait guère.

L'emploi d'une eau purificatrice, au caractère
religieux, était nécessaire pour marquer à leurs
yeux la délivrance d'une souillure extérieure :
en même temps, l'acte d'obéissance et d'humi-
liation qui l'accompagnait était le rachat de

la faute imputée à leur âme. L'emploi de l'eau, par immersion, ablution ou aspersion, était donc la marque et le symbole de la purification que l'âme recevait en même temps.

En général, les aspersions étaient réservées aux prêtres. La Mischna (1) et les Talmuds, où les Juifs recueillirent aux premiers siècles de notre ère leurs traditions et leurs usages, contiennent un certain nombre de renseignements précieux sur la manière dont les prêtres du Temple de Jérusalem pratiquaient le rite.

Pour l'aspersion de sang, le prêtre trempait le doigt dans le sang de la victime consacrée, et le lançait vivement dans la direction prescrite, soit, pour les offrandes, vers le voile du sanctuaire, soit, pour les purifications, vers l'objet à purifier. L'aspersion se faisait toujours par sept coups.

L'aspersion d'eau s'accomplissait de façon analogue, mais celui qui la faisait trempait dans l'eau un faisceau de trois branches d'hysope. D'où le roi David, dans le psaume 50, qu'il écrivit dans son repentir d'avoir grièvement péché, en causant la mort d'Urie, dont il convoitait la femme, s'écrie : « Vous m'aspergerez avec l'hysope, et je serai purifié : vous me laverez, et je deviendrai plus blanc que la neige (2). »

Lorsque le culte eût été établi en Jérusalem, la fontaine de Siloé, près de l'emplacement où l'on

(1) Traités Berakoth, Soukka.
(2) *Asperges me hyssopo, et mundabor ; lavabis me, et super nivem dealbabor.*

bâtit le Temple, était de préférence destinée aux usages liturgiques. A la fête des Tentes, au nouvel an, on allait tous les matins y puiser solennellement, dans un vase d'or, et rapporter en grande liesse au Temple, l'eau réservée aux libations que devait faire le pontife. C'était, pour les Juifs, la « source du salut », et, en y puisant pour l'usage religieux, surtout en cette fête, disaient les Rabbins, on symbolisait l'effusion de l'Esprit-Saint qui devait avoir lieu au temps du Messie ; d'où la grande joie, fort bruyante même, surtout au dernier jour de la fête, qui accompagnait cette cérémonie :

« Celui qui n'a pas vu cette joie, disent les Talmuds, n'a pas eu de joie dans sa vie (1). » Ainsi s'explique le mot d'Isaïe : « Vous puiserez avec joie de l'eau aux fontaines du salut (2). »

Ce sont, semble-t-il, des allusions à cet usage et à sa signification que Notre-Seigneur a fait précisément au jour le plus solennel de cette fête, l'*hoschanna rabbah*, lorsqu'il disait, enseignant dans un parvis du Temple : « Si quelqu'un a soif, qu'il vienne à moi, et boive : qui croit en moi, de son sein jailliront des sources d'eau vive. » « Il disait cela, ajoute l'Evangéliste, de l'Esprit que devaient recevoir ceux qui croiraient en lui (3). »

(1) Voir pour les curieux détails de cette cérémonie le traité Soukka.

(2) Haurietis aquas in gaudio de fontibus salvatoris. xii, 3.

(3) Si quis sitit, veniat ad me, et bibat ; qui credit in me, sicut dixit Scriptura, flumina de ventre eius fluent aquæ vivæ. Hoc autem dixit de Spiritu, quem accepturi erant credentes in eum. Joan., vii, 37-39.

Çomme Isaïe, les autres prophétes se sont servi de l'image de l'eau purificatrice, en des passages que l'Eglise a appliqués au baptême.

Ezéchiel prophétise ainsi : « Je répandrai sur vous une eau pure, et vous serez purifiés de toutes vos iniquités (1), » et ailleurs, il parle de la source mystérieuse qui sortira et coulera au côté droit du Temple, où tous ceux qui auront été lavés de ce torrent seront sauvés (2).

Joël également parle de « la source qui sortira de la maison du Seigneur (3), » au jour de la rédemption d'Israël ; Zacharie dit seulement qu'« il y aura en ce jour-là une fontaine ouverte à la maison de David et aux habitants de Jérusalem, pour l'ablution du pécheur (4). »

Rien de plus curieux que de lire dans les Talmuds les nombreux points de minutieuse casuistique soulevés par les Juifs sur cet emploi liturgique de l'eau.

---

(1) Effundam super vos aquam mundam, et mundabimini ab omnibus inquinamentis vestris. XXXVI, 25.

(2) XLVII. Je n'extrais ici que l'idée contenue dans ce chapitre, d'où on a tiré par le même procédé l'antique antienne *Vidi aquam*. Il est précisément curieux de rapprocher les textes :

EZÉCHIEL, XLVII :	LITURGIE :
... ecce aquæ egrediebantur ... in latus templi... a latere dextro... et... postquam venerint illuc aquæ istæ, et sanabuntur... omnia... 1, 2, 9.	Vidi aquam egredientem de templo a latere dextro, alleluia ; et omnes ad quos pervenit aqua ista, salvi facti sunt, et dicent : alleluia.

Le texte liturgique latin peut être lui-même la traduction d'un texte grec, indépendante de la traduction biblique, d'où les différences de termes.

(3) III, 18.

(4) XIII, 1.

D'abord, sur la quantité employée : y avait-il purification suffisante si l'on restait en deçà d'une certaine quantité d'eau ? L'aspersion était-elle valable si, le prêtre ayant l'intention d'asperger devant lui ou par côté, quelques gouttes d'eau tombaient en arrière ? Ou bien, ces gouttes d'eau tombées par mégarde purifiaient-elles l'objet qu'elles touchaient, bien qu'il n'y eût pas acte de volonté de la part du prêtre ? Voilà quelques-unes des questions soulevées à ce sujet.

Il en était d'autres, qui roulent sur le degré de sanctification reconnu à l'eau employée ainsi comme moyen purificatoire.

Il le faut, en effet, remarquer : les Juifs, pas plus, à ce que nous savons, que les autres peuples de l'antiquité, ne bénissaient l'eau ; on ne proférait aucune parole, on ne faisait aucun geste qui parût être le symbole de sa consécration. Elle était bénie, si l'on peut dire, par destination.

L'acte même de prendre de l'eau pure, d'y mêler un peu de vin ou de la cendre des sacrifices, en vue de son usage religieux, suffisait à la bénir.

Cependant elle pouvait perdre sa consécration, par exemple si elle recevait des impuretés, si elle avait passé la nuit dans un vase découvert, parce que des saletés, des poussières, pouvaient l'avoir souillée. Les docteurs juifs se demandaient si l'eau, même ainsi sanctifiée par destination, pouvait être mise dans un vase sacré ;

car, disaient-ils, s'il est vrai que cet élément est
lui-même consacré à cause de l'emploi qui va
en être fait, il est vrai aussi qu'en raison de
l'exécration qu'il peut souffrir, il ne serait pas
convenable de mettre cet élément qui peut devenir impur, dans un vase pur. Aussi l'opinion la
plus probable était qu'il valait mieux la mettre
dans un vase propre, convenable, même décoré,
en argent, en or, mais non consacré (1).

Ces scrupules, qui peuvent paraître quelque
peu puérils, ne l'étaient cependant point quand
ils étaient inspirés par un véritable esprit de
piété, par le respect porté aux objets bénis.
Mais, trop souvent, les « fléaux des Pharisiens »
transformaient les observances légales en un
formalisme purement extérieur, les subtilités
des scrupules en un simple jeu d'esprit, et pouvaient ainsi mériter ce reproche que leur adres-
sait Notre-Seigneur, de « filtrer un moucheron,
mais d'avaler un chameau ».

*
* *

Dans l'ancienne Egypte, les prêtres des idoles
étaient tenus à trois ablutions d'eau froide dans
la journée, à deux pendant la nuit, à ce que dit
Hérodote, et les aspersions en général y étaient
fort usitées (2).

(1) C'est encore ainsi que nous agissons avec l'eau destinée à la
messe.

(2) Cf. MASPÉRO, dans *Bibliothèque égyptologique*, t. I, p. 293-294, 322.

Chez les Grecs primitifs, coutumes analogues.
L'*Iliade* et l'*Odyssée* contiennent beaucoup de
traits de ces mœurs religieuses. Le poète
montre Hector, n'osant faire des libations de vin
à Zeus, parce qu'il n'est pas permis de prier
avec les mains ensanglantées. De même, Ajax,
Ulysse, Achille, Priam, nous sont représentés
comme se lavant les mains avant d'accomplir
les libations de vin et d'adresser leurs prières
au maître des dieux. Pénélope encore, Télé-
maque, font pareillement une ablution avant
d'élever leurs mains vers Pallas.

A une époque plus avancée, Euripide, mettant
en scène l'histoire (ou la légende) d'Alceste,
n'omet pas, au premier acte, la purification
d'eau lustrale que fait l'héroïne avant d'offrir
son dernier sacrifice pour ses enfants.

Nous sommes cependant peu documentés sur
ce sujet chez les Grecs ; les Romains, au
contraire, dont les coutumes avaient tant de
ressemblance avec celles des Hellènes, nous
ont laissé de nombreux et précieux renseignements sur l'emploi, l'effet, le sens mystique de
l'eau, dans un acte religieux.

L'eau « lustrale », ou purificatrice, se faisait
à peu près de la même manière que l'eau
d'aspersion des Hébreux ; peut-être la coutume
grecque ou romaine n'était-elle du reste qu'une
imitation de celle des Juifs.

Il ne faut pas oublier, en effet, que les
royaumes de Juda et d'Israël touchaient à leur
ruine, après des siècles de grandeur, que Rome

et Athènes n'existaient pas encore. Grecs et Romains, en s'organisant, développaient sans doute des traditions primitives, mais aussi avaient dans les coutumes égyptiennes et mosaïques des modèles dont ils se sont très certainement inspirés.

Or, leur eau lustrale était de l'eau ordinaire, de préférence de rivière ou de source, comme étant la plus pure ; pour les actes solennels, on y mettait un charbon ardent pris à l'autel des sacrifices. On la plaçait au vestibule des temples, pour l'usage de ceux qui venaient prier ou offrir. Les Romains avaient un tel respect pour cette eau, qu'ils regardaient comme un funeste présage si, pendant un sacrifice, quelques gouttes venaient à être répandues. On évitait même de poser à terre les vases qui la contenaient, aussi, la portait-on de préférence dans une amphore à orifice très large, nommée *futile*, dont le fond en pointe n'assurait pas l'équilibre, et qu'on était donc obligé de garder en main. Dans les sacrifices, porter le *futile* était l'office de jeunes initiés, *camilli*, *patrimi*, *matrimæ*, ornés de couronnes, qui offraient l'eau aux sacrificateurs.

On plaçait un vase d'eau lustrale à la maison d'un mort, mais on la préparait dans une autre habitation non impure. Avec cette eau on lavait le corps du défunt, et tous ceux qui entraient dans la maison devaient s'en asperger en sortant, pour se purifier de l'impureté qu'ils venaient de contracter.

Une autre eau lustrale se faisait plus solennellemen!, avec la cendre des génisses sacrifiées et un mélange de sel (1). C'est l'eau dont on se servait pour les cérémonies en l'honneur de Cérès, ou Palès, déesse des moissons ; au mois de mai, une grande procession se faisait dans les villes et les campagnes, pendant laquelle ses prêtres faisaient l'aspersion de cette eau lustrale, après avoir promené la brebis ou le taureau qu'on allait immoler pour la circonstance, avec cette prière : « Eloigne d'ici la maladie, la mort, la peste, les orages, la foudre. »

Une troisième espèce d'eau lustrale, eau purifiée, mêlée de sel, servait pour asperger les maisons.

Il y avait, pour ainsi dire, toute une théologie de cette eau consacrée ; les Romains n'y voyaient pas seulement une mesure de décence dans l'accomplissement d'un devoir religieux, ou un symbole. Ils tenaient la purification par l'eau comme une purification véritable, dont l'emploi, par ablution ou par aspersion, effaçait toute souillure.

Nous avons des textes intéressants, d'abord sur l'emploi de l'eau comme préparation à la prière ou au sacrifice.

---

(1) Cf. Ovide, *Fast.*, l. IV, 639-640.

> Igne cremat vitulos quæ natu maxima virgo,
> Luce Pales, populos purget ut ille cinis.

« La plus âgée des vierges (prêtresses) brûle dans le feu les veaux, au jour de Palès, afin que leur cendre purifie le peuple. »

Plaute, dans l'*Aululaire,* revient à deux fois sur cette idée, en faisant dire à un de ses personnages :

« Je vais me laver, afin de pouvoir sacrifier. »

« Je me laverai maintenant, afin d'accomplir l'acte divin (1). »

Macrobe, dans ses *Saturnales* : « Il conste aux dieux supérieurs que ceux qui vont accomplir les sacrifices doivent se purifier par une ablution du corps (2). »

« Ce qui est chaste plaît aux dieux : venez, avec un vêtement propre, et purifiez vos mains à l'eau de la fontaine (3). »

« Afin de demander saintement ces choses, plonge au matin dans le Tibre deux et trois fois ta tête, et purifie-toi de la nuit dans le fleuve (4). »

« L'aspersion de l'eau enlève non seulement les taches corporelles, mais accorde aussi la pureté d'esprit (5). »

Virgile et Ovide, en conformité avec la tradition grecque tout entière, lui donnent le pouvoir d'effacer même le sang répandu :

(1) Eo lavatum, ut sacrificem, III, vi, 43. Nunc lavabo, ut rem divinam faciam, IV, ii, 5.

(2) Constat diis superis sacra facturum corporis ablutione purgari, III, 1.

(3) Tibulle, l. II, élégie 1, 13-14.
>   Casta placent superis ; pura cum veste venite,
>   Et manibus puris sumite fontis aquam.

(4)   Hæc sancte ut poscas Tiberino in gurgite mergis
>   Mane caput bis terque, et noctem flumine purgas.
>   Perse, *Satyr.*, II, 15-16.

(5) Aspersione aquæ corpoream tabem tolli, castimoniamque præstare. Cicéron.

« Ah ! qu'il vous est facile, après avoir commis de tristes crimes, de pouvoir les effacer dans l'eau du fleuve (1). »

« Les pénates me seront néfastes, si, revenant d'une si grande guerre, et souillé d'un meurtre récent, je ne fais pas une ablution dans l'eau vive du fleuve (2). »

Tertullien, enfin, qui, de philosophe païen, devint chrétien, était fort instruit de toutes les doctrines de son temps, même de celles des pays les plus lointains. Dans son ouvrage sur le baptême, où nous trouverons bientôt les premiers renseignements qui concernent l'eau bénite chrétienne, il rapporte d'intéressants détails précisément sur l'usage de l'eau dans les cérémonies religieuses des païens :

« C'est par une ablution qu'on est initié à certains mystères, comme ceux d'Isis et de Mithra ; de même, c'est par une aspersion circulaire d'eau qu'on purifie les campagnes, les maisons, les temples, les villes entières. Par cela, ils croient se régénérer et obtenir l'impunité de leurs parjures. Et chez les anciens, quiconque avait commis un homicide, s'en

____

(1)   Ah ! nimium faciles, qui tristia crimina cædis,
            Fluminea tolli posse putetis aqua.
     Ovide, *Fast.*, l. II, 46.

(2)   Me bello e tanto digressum et cæde recenti,
            Attrectare nefas donec me flumine vivo
            Abluero.
     Virgile, *Enéide*, l. II, 718-720.

purifiait par l'eau d'expiation (1) », lui, et ses habits, dans une ablution sept fois répétée.

Le rite même de l'aspersion, dont Tertullien dit qu'elle était circulaire, *circumlatae aquae*, est ailleurs décrit de même, *circumtulit unda*, et plus en détail, par Virgile :

« Qu'elle s'apprête à répandre l'eau du fleuve sur son corps. — Au moyen du rameau d'un jeune olivier, il répand trois fois l'onde pure, en rosée légère, tout autour de ses compagnons (2). »

Après que Constantin eut accordé la paix à l'Eglise, les usages païens subsistèrent, au moins dans les temples, jusqu'au moment où l'absence complète de fidèles et de sacrifices fit définitivement supprimer le vieux culte idolâtrique : entre temps, il avait reçu un regain de nouveauté par la tentative de Julien l'Apostat.

Pendant le règne de ce prince, se place un fait curieux, le dernier peut-être que nous aie conservé l'histoire au sujet de l'emploi de l'eau par les païens.

Julien, au cours d'un voyage dans les Gaules, s'était rendu à un temple pour sacrifier. Ce n'est

____

(1) Nam et sacris quibusdam per lavacrum initiantur, Isidis alicuius aut Mithrae : cæterum villas, domos, templa, totasque urbes aspergine circumlatæ aquæ expiant passim. Idque se in regenerationem et impunitatem perjuriorium suorum agere præsumunt. Item pene apud veteres quisquis se homicidio infecerat, purgatrice aqua se expiabat. *De Baptismo*, c. v.

(2)   ... Corpus properet fluviali spargere lympha. —
        Idem ter socios pura circumtulit unda,
        Spargens rore levi et ramo recentis olivæ.
Enéide, iv, 625 ; vi, 229-230.

pas qu'il fût plus croyant aux dieux de l'Olympe qu'aux principes du christianisme qu'il avait rejeté. La religion n'était pour lui qu'une affaire de coutumes, et sa dignité d'empereur lui donnait en même temps celle de grand pontife du culte idolâtrique.

Julien avait dans sa suite un de ses grands officiers, Valentinien, qui était chrétien, et que son service commandait ce jour-là d'accompagner l'empereur. A la porte du temple, un prêtre se tenait, porteur d'un rameau qu'il trempait dans l'eau lustrale, et dont il aspergeait, à la façon païenne, ceux qui entraient.

Une goutte tomba sur la chlamyde de Valentinien, qui ne put s'empêcher de dire au prêtre, de façon à être entendu de l'empereur : « Prends garde à ce que tu fais : au lieu de me purifier, tu m'as souillé. » Et, prenant sa courte épée, il coupe le pan du manteau sur lequel cette eau est tombée. Julien, on n'a pas de peine à le croire, en fut profondément irrité. Mais, dissimulé, il n'affecta aucune colère. Seulement, peu de temps après, sous prétexte que Valentinien avait négligé de faire exercer ses soldats, il l'exila pour toujours à Mélitine en Arménie.

Toutefois, par un de ces retours habituels dans l'histoire, il se trouva que Valentinien vit son exil finir plus tôt qu'il ne l'espérait, et, bientôt, il était choisi pour successeur de Julien sur le trône impérial (1).

(1) Sozomène, *Hist.*, VI, 6.

L'eau bénite chez les chrétiens.

Telle était donc la coutume générale de l'humanité civilisée, jusqu'à l'apparition de Jésus : l'emploi, comme marque de purification spirituelle soit de l'eau en général, puisée à la source ou à la rivière, soit d'une eau marquée d'un caractère religieux par destination, par mélange de sel, symbole d'incorruptibilité, ou par mélange de cendres, signe de pénitence et de sacrifice.

Cet emploi avait lieu par immersion, par infusion, ou par aspersion, cette aspersion étant ordinairement faite par le moyen d'un rameau, d'hysope chez les Juifs, d'olivier chez les Grecs et les Romains.

Mais, nulle part, il n'est fait mention d'une consécration ou d'une bénédiction quelconque de l'eau elle-même : la direction de l'intention, en vue de l'effet qu'on voulait obtenir, suffisait à conférer à l'eau un caractère sacré.

Il ne paraît pas que les premiers chrétiens aient, sur ce point, changé l'usage. Dans l'Evangile, on voit Notre-Seigneur prescrire aux apôtres de baptiser « au nom du Père, et du Fils, et du Saint-Esprit », sans qu'il soit fait mention d'aucune cérémonie relative à l'eau. Le premier baptême raconté avec quelque détail, celui de l'eunuque de le reine d'Ethiopie, complète pour nous les renseignements sur la liturgie primitive du baptême chrétien :

« Tandis qu'ils allaient en chemin, ils arrivèrent à un endroit où il y avait de l'eau : et l'eunuque dit : Voilà de l'eau, qui empêche que je sois baptisé ? Philippe lui dit : Si tu crois de tout ton cœur, c'est possible. Et répondant il dit : Je crois que Jésus-Christ est le Fils de Dieu. Et il ordonna d'arrêter son char : et ils descendirent tous deux dans l'eau, et Philippe baptisa l'eunuque (1). »

Il y a là, on le voit, les deux éléments principaux qui n'ont cessé de constituer le noyau de la cérémonie baptismale : l'interrogation sur la croyance du néophyte, qui répond : Je crois ; le baptême lui-même. Mais les conditions mêmes dans lesquelles eut lieu le baptême de l'eunuque montrent clairement qu'aucune sanctification de l'eau ne se faisait auparavant.

Les observances de la loi religieuse judaïque qui nécessitaient l'emploi de l'eau ne furent pas longtemps suivies par les chrétiens, dont au moins ceux d'origine païenne furent rapidement dispensés par les apôtres (Actes, xv), en même

---

(1) Et dum irent per viam, venerunt ad quamdam aquam : et ait eunuchus : Ecce aqua, quid prohibet me baptizari ? Dixit autem Philippus : Si credis ex toto corde, licet. Et respondens ait : Credo Filium Dei esse Jesum Christum. Et jussit stare currum : et descenderunt uterque in aquam, Philippus et eunuchus, et baptizavit eum. *Actes des Apôtres*, viii, 36-39.

temps que des autres observances prescrites par la loi de Moïse ou la tradition israélite. Du reste la ruine de Jérusalem et la dispersion de ce qui restait de la nation juive mirent bientôt fin à toutes ces pratiques.

Les premiers chrétiens n'avaient plus donc que le baptême qui nécessitât l'emploi de l'eau. Quand et où prit-on l'habitude de la bénir ? On l'ignore.

Une tradition romaine recueillie au vi⁰ siècle dans le *Liber Pontificalis,* fait honneur au pape saint Alexandre, dans le premier quart du second siècle, de la première prescription concernant la bénédiction d'eau et de sel, pour en asperger les habitations. Nous manquons de tout document pour appuyer cette tradition : elle peut être authentique (1). On remarquera que la prescription qu'elle vise est la transformation de l'eau lustrale des romains païens : il n'y a rien d'étonnant à ce que les premiers papes aient ainsi donné le caractère chrétien à un usage auquel tenaient tant les habitants de Rome.

Toutefois, que ce soit saint Alexandre ou un autre qui ait fait cette loi, nous ignorons absolument en quoi consistait la bénédiction en question : à s'en tenir à ce que nous savons des usages postérieurs, il est probable qu'elle consistait simplement dans le signe de la croix,

---

(1) Elle reçut une nouvelle autorité des fausses décrétales, où figura une prétendue lettre de saint Alexandre sur ce sujet.

avec, peut-être, quelque courte invocation improvisée.

Les premiers documents authentiques que nous ayons sur la bénédiction de l'eau (encore s'agit-il de l'eau baptismale), sont originaires de l'église d'Afrique. Ils nous montrent, dès la fin du deuxième siècle, l'eau du baptême objet d'une consécration sacerdotale, et la théologie de cette sanctification déjà formée.

Un semblable état d'avancement indique, à n'en pas douter, que l'usage de bénir l'eau destinée au baptême était ancien : c'est évidemment dans le cours du second siècle que cette coutume a reçu son développement dans l'église d'Afrique. Je dis l'église d'Afrique, parce que les autres documents, par exemple égyptiens, syriens, même romains, postérieurs de cent ans à ceux que nous allons citer, ne mentionnent encore rien pour la bénédiction de l'eau. Ni la *Didascalie*, ni le *Testamentum*, ni les canons de saint Hippolyte, qui renferment les coutumes de ce temps, ne contiennent aucune mention de bénédiction de l'eau, tandis qu'ils s'étendent longuement sur celles des autres éléments, comme le Saint-Chrême, et donnent tout au long les oraisons à employer dans ce cas.

Jusqu'à preuve nouvelle, nous pouvons donc raisonnablement croire que la consécration de l'eau baptismale est originaire des églises africaines, et qu'elle y a été développée dès le cours du IIe siècle.

Voici, en effet, ce que dit Tertullien, dans son

traité du Baptême, déjà plus haut cité, écrit très
probablement avant l'an 200 :

« Toutes les eaux, grâce à leur origine primor-
diale, — l'auteur a plus haut nommé l'eau « la
plus ancienne substance », — reçoivent, *par l'invocation de Dieu*, la prérogative d'être la matière
du sacrement de sanctification. Car, aussitôt,
l'Esprit vient du haut du ciel, et il se tient sur les
eaux, les sanctifiant de lui-même, et, ainsi sanctifiées, elles s'imprègnent de puissance sanctificatrice. »

Et, un peu plus loin, il semble faire une allusion à un exorcisme de l'eau. Après avoir parlé
de l'emploi de l'eau lustrale dans les mystères
païens, où il voit « le zèle du diable à jalouser les
choses de Dieu » (1), et attribué à l'esprit mauvais
la nocivité de certaines eaux, qu'elles l'aient soit
naturellement, soit par corruption, il ajoute :

« Il n'y a rien de difficile à croire que le saint
Ange de Dieu (2) est présent sur les eaux qu'on
approprie au salut des hommes, quand l'ange
mauvais fréquente ce même élément, par un
commerce profane, pour leur nuire (3). »

---

(1) Deux siècles plus tard, saint Augustin appellera le diable « le singe de Dieu ».

(2) Peut-être l'Esprit-Saint est-il ainsi désigné.

(3) Omnes aquæ de pristina originis prærogativa sacramentum sanctificationis consequuntur, invocato Deo. Supervenit enim statim Spiritus de cælis, et aquis superest, sanctificans eas de semetipso, et ita sanctificatæ vim sanctificandi combibunt. *De Baptismo*, c. iv. — Ne quis durius credat Angelum Dei sanctum aquis in salutem hominis temperandis adesse, cum angelus malus profanum commercium eiusdem elementi in perniciem hominis frequentet. *Id.*, c. v.

Ces textes sont donc suffisamment clairs : avant de se servir de l'eau baptismale, on fait à Dieu une invocation, pour demander que l'Esprit-Saint la sanctifie, et lui donne la force de sanctifier. Probablement y ajoute-t-on le souhait que l'ange de Dieu soit présent sur ces eaux, et non point l'ange mauvais : ce souhait est du reste corrélatif à la demande précédente. Telle est la forme première de la bénédiction de l'eau pour le baptême, comme nous pouvons la dégager de ces deux passages de Tertullien.

Que l'on prenne maintenant la peine de lire les formules superbes employés par l'Eglise pour cette cérémonie, par exemple le samedi saint, dans le rite romain (voir plus loin), et l'on remarquera qu'elles correspondent merveilleusement à la doctrine et aux allusions que renferme l'écrit de Tertullien.

Du reste la chaîne est dès lors ininterrompue. Un demi-siècle après ce docteur, les discussions qui s'élèvent au sujet des rebaptizants donnent lieu aux décisions des conciles de Carthage d'être plus précises ; c'est toujours, on le voit, l'église d'Afrique qui est en avance sur la question :

« Il faut d'abord que l'eau soit *purifiée* et *sanctifiée* par le prêtre, » dit le premier canon du Ve concile tenu à Carthage sous la présidence de saint Cyprien, en 255. L'année suivante, au VIIe concile, Sedatus, évêque de Thuburb, revient sur la question : « L'eau [du baptême] efface les péchés, pour autant qu'elle ait été sanctifiée dans l'église par la prière du prêtre (1). »

La discipline africaine est donc bien précise : il est nécessaire qu'il y ait une prière du prêtre, prononcée sur l'eau baptismale, dans l'église ; cette bénédiction comporte deux opérations : purification, puis consécration ; c'est bien à cela que se rapportent les deux allusions de Tertullien, c'est l' « exorcisme » et la « bénédiction » contenues dans les formulaires liturgiques romains et occidentaux conservés dans les manuscrits rituels moins anciens.

Comme j'ai eu occasion de le faire remarquer plus haut, il y a là quelque chose de tout à fait remarquable, dans cet état d'avancement liturgique de l'église d'Afrique, alors qu'ailleurs rien de semblable n'est signalé.

Dans les autres documents qui représentent un état liturgique antérieur au IVe siècle, nous trouvons seulement, en ce qui concerne la question qui nous occupe, une mention du *Testamentum,* qui prescrit de réciter sur l'eau à bénir la même oraison par laquelle on vient de consacrer l'huile pour les malades. C'est un stade tout à fait primitif (2).

C'est, semble-t-il, à une simple bénédiction de ce genre que fait allusion saint Basile le Grand,

---

(1) Oportet ergo mundari et sanctificari aquam prius a sacerdote, ut possit baptismo suo peccata hominis qui baptizatur abluere. (Dom Cabrol, *Monum. Eccl. liturg.,* 1, 2340). — Sedatus a Thuburbo dixit : In quantum aqua sacerdotis prece in ecclesia sanctificata abluit delicta. (*Id.,* 2349.)

(2) *Testamentum,* édité par Mgr Rahmani, Mainz, 1899, n° xxv.

lorsqu'il dit, dans son *Traité du Saint-Esprit,* ch. 27 : « Nous bénissons l'eau du baptême, et l'huile de l'onction... D'après quoi d'écrit ? d'après rien d'autre qu'une tradition tacite et mystique. »

Le plus ancien formulaire, peut-être, que nous ayons pour la bénédiction de l'eau, se trouve dans la liturgie du livre VII des *Constitutions Apostoliques ;* il est fort curieux. C'est, en effet, moins un texte précis qu'un *plan d'improvisation pour une préface,* à développer par le célébrant. Suit une oraison, au sujet de laquelle la rubrique dit : « le prêtre dira cela et d'autres choses. » Mais donnons les textes :

Après le titre : « Action de grâce sur l'eau mystique, » on indique à l'évêque comment il doit « bénir et glorifier le Seigneur Dieu tout-puissant, père de l'Unique, Dieu, lui rendant grâce qu'il ait envoyé son Fils pour prendre notre chair, à cause de nous et de notre salut (1) ; qui a supporté, s'étant fait homme, d'obéir à tous, qui a annoncé le royaume des cieux, la rémission des péchés, la résurrection des morts. Ensuite qu'il adore le Dieu unique, avec lui et par lui (2) rendant grâces qu'il ait souffert la mort sur la croix

---

(1) Remarquer que cette phrase est dans le symbole de Nicée, à un mot près. Ce symbole a été écrit par saint Grégoire de Nazianze le Théologue.

(2) Formule de doxologie qui est à la fin du canon romain de la messe.

pour tous, mort dont il a donné comme image
le baptême de régénération, » etc.

Je ne m'étendrai pas davantage sur cet intéressant canevas (ceux qui le désirent pourront
le lire en entier dans les originaux), pour passer
à la prière qui suit ce plan de préface, et qui est
la plus simple qu'on puisse imaginer pour la
bénédiction de l'eau baptismale :

« Regarde du ciel et sanctifie cette eau, donne-
lui la grâce et la force ; afin que celui qui y
sera baptisé, selon le précepte de ton Christ, y
soit avec lui crucifié, mort, enseveli, et ressus-
cité, pour être, en lui, adopté comme ton fils,
mourir du péché, et vivre à la grâce (1). »

Le même ouvrage des *Constitutions Apostoliques,* dans une partie plus récente, au livre VIII,
donne aussi une bénédiction de l'eau ordinaire :
c'est le premier document, avec le *Testamentum,*
où nous trouvions une mention d'une eau bénite
autre que celle du baptême : mais cette bénédiction n'est pas spéciale à l'eau, elle se fait, comme
dans le *Testamentum,* conjointement avec celle
de l'huile, éléments offerts par diverses personnes pour l'usage des malades : l'huile sans
doute pour oindre les parties malades, l'eau
pour boire. C'est donc moins une consécration
voulue ou prescrite par l'Eglise, que la bénédiction, la christianisation d'une coutume. On
y demande à Dieu de sanctifier ces éléments

---

(1) Migne, *Patrologie Grecque,* I, 1043. Dom Cabrol, *Monumenta,*
I, 2487.

par le Christ, et de leur donner « une vertu qui refasse la santé, éloigne la maladie, fasse fuir les démons, déjoue tout mauvais conseil (1). »

Nous ne connaissons pas l'époque précise de cette prière, mais nous sommes par ailleurs renseignés sur les idées qu'elle contient. On a découvert, en effet, il y a peu d'années, le Pontifical de Sérapion, évêque de Thmuis en Egypte, dans la première moitié du ıv° siècle, et qui, pendant quelque temps, administra l'église d'Alexandrie, durant l'exil de saint Athanase. Le formulaire de ce rituel, comme celui du document précédemment cité, contient aussi, parmi les prières de la messe, une « oraison sur les huiles et les eaux offertes ». Comme dans l'oraison de la liturgie précédente, on voit qu'il s'agit là uniquement d'un usage particulier de l'eau et de l'huile pour les malades : on y demande à Dieu les mêmes choses, presque dans les mêmes termes.

Mais ce pontifical fameux et précieux contient plus pour notre sujet que les *Constitutions Apostoliques* ; ce n'est plus seulement un canevas de prière, mais une grande et solennelle oraison, que je tiens à donner ici en entier, comme spécimen de la forme euchologique des églises d'Orient en ce temps lointain. Tout le monde en goûtera, j'en suis sûr, la parole digne et éloquente, remarquable spécimen de la prière solennelle de l'Eglise au sortir des per-

____

(1) Id., *Patr. Gr.*, I, 1126. *Monum.*, I, 2508.

sécutions, lorsque l'évêque entouré de son clergé, étendait solennellement la main sur l'eau du
baptistère, qu'il allait consacrer pour la rénova-
tion des catéchumènes :

    · « Sanctification des eaux. »

« Roi et Seigneur de tous et Créateur de toutes
choses, qui, par la descente en ce monde de ton
Fils Unique, Jésus-Christ, accordes le salut à
toute nature engendrée, et, par la vertu de ta
parole puissante, façonnes l'être que tu crées :
regarde maintenant du haut du ciel et jette un
regard sur ces eaux, et remplis-les de l'Esprit-
Saint ; que ta parole puissante s'accomplisse en
elles, en transforme l'énergie, et les prépare à
être remplies de ta grâce ; afin que le mystère
qui va maintenant s'accomplir ne soit pas vain
pour ceux qui doivent en renaître, mais qu'il
remplisse de la grâce divine tous ceux qui y
descendront pour être baptisés. Ami des
hommes, Bienfaiteur de ton œuvre, sauve la
créature sur laquelle tu étends ta droite.
 «Fais, de tous ceux qui y renaîtront, ton image
divine et forte, afin que, par cette réformation et
cette renaissance, ils puissent être sauvés et
devenir dignes de ton royaume. Et, comme ton
Verbe Unique descendant dans les eaux du Jourdain les a sanctifiées, qu'ainsi et maintenant il
descende en celles-ci, et les rende saintes et
spirituelles, afin que les baptisés ne soient plus
chair et sang, mais, spirituels et forts t'adorent,

Père incréé, par Jésus-Christ dans le Saint-Esprit, par lequel à toi sont gloire et puissance, et maintenant, et dans tous les siècles des siècles. Amen (1). »

Avec cette bénédiction, se clôt ce qu'on pourrait nommer le premier stade de l'histoire de l'eau bénite.

Désormais, partout, les églises chrétiennes connaissent la consécration solennelle de l'eau destinée au baptême : nous avons vu que l'Eglise la plus ancienne où elle paraît avoir été en usage est celle d'Afrique, dès le second siècle du christianisme. Eglise latine, les particularités que signalent Tertullien et les pères de Carthage, elles les a léguées aux autres églises de même langue, comme sans doute beaucoup de détails et de formules adoptées par la liturgie romaine (2), spécialement l'exorcisme ou le souhait que l'eau soit purifiée des atteintes du démon.

En Orient, ce n'est guère qu'au IV* siècle que nous trouvons semblable bénédiction : toutefois, l'exorcisme n'y est pas en usage.

En dehors de cette eau destinée au baptême, il ne paraît pas que l'Eglise ait alors connu d'autre eau bénite liturgique : nous voyons simplement que vers la même époque, en Orient, on bénissait, conjointement avec de l'huile, l'eau

----

(1) G. WOBBERMIN, *Altchristliche liturgische Stücke aus dem Kirchen Aegypteus*, Leipzig. 1899, page 8, n° VII.

(2) Cf. Dom CABROL., *Liturgie de l'Eglise d'Afrique*, dans le *Dictionnaire d'archéologie et de liturgie.*

destinée au soulagement des malades, offerte en leur propre nom par les fidèles.

En Occident, une tradition fait remonter au second siècle l'adaptation chrétienne de l'usage de l'eau lustrale mêlée de sel employée par les Romains : toutefois, comme celui de l'eau précédente, rien n'indique qu'il s'agisse là d'un usage d'origine ecclésiastique, mais seulement d'une coutume populaire, que l'Eglise a voulu sanctifier.

**

D'ailleurs, ce qui nous montre bien que l'idée d'une consécration liturgique de l'eau, en dehors de celle destinée au baptême, n'était pas dans l'esprit de nos pères, à cette lointaine époque, ce sont les faits rapportés par des auteurs du temps. On voit, dans leurs récits, des bénédictions de l'eau opérées pour des usages divers, aussi bien par des évêques que de simples fidèles, par des prêtres que par des anachorètes sans rang de cléricature.

Voici, par exemple, le comte Joseph, juif de Tibériade, qui se convertit au christianisme. Il veut donner à ses frères un exemple éclatant de sa piété envers le Christ, et se prépare à faire construire, non loin de la superbe synagogue d'où ses pères chassèrent Jésus, une magnifique église. Saint Epiphane raconte à ce sujet une fort curieuse histoire.

Sept fours à chaux ayant été construits sur l'ordre du comte, ses anciens coreligionnaires voient avec un dépit profond l'œuvre nouvelle s'accomplir : des magiciens juifs mettent en œuvre toutes les ressources de leurs incantations pour empêcher les fours de fonctionner. De fait, malgré l'abondance de bois jeté dans les fours, il semblait que le feu eût perdu sa force, et les pierres à chaux ne fondaient pas.

Joseph l'apprenant, et étant instruit en même temps des pratiques magiques faites par plusieurs, va aux fours, et là, en présence d'une grande foule de peuple, où les Juifs étaient nombreux, il se fait apporter un vase d'eau. Il trace sur l'eau un grand signe de croix, et dit à haute voix : « Au nom de Jésus de Nazareth que mes pères ont crucifié, que cette eau reçoive la vertu de dissiper tous les charmes magiques et de rendre au feu son énergie, afin d'achever la maison du Seigneur. » Puis, il jette l'eau sur les charbons ardents, la chaleur devient plus intense, et la chaux est enfin cuite (1).

Dans le même siècle, des nuées de sauterelles s'abattirent sur les plaines de la Syrie et de la Mésopotamie, dévorant moissons et vergers, prairies et forêts. Alors vivait dans le désert un saint ermite, Aphraate, descendant de l'ancienne famille qui régna sur la Perse. Un pieux cultivateur vint le trouver et implora son secours

____

(1) Epiphane, *Contra Hœres.*, ii, 30.

contre le fléau qui le ruinait, lui et sa famille, et le laissait soumis à toutes les rigueurs du fisc, faute de pouvoir payer l'impôt. Aphraate se fait apporter une mesure d'eau, sur laquelle *il impose les mains* en disant une oraison, et ordonne au laboureur d'en asperger les confins de son champ, où elle devient un rempart contre les sauterelles. Ailleurs on voit le même saint bénir l'eau d'un signe de croix (1).

D'ailleurs dans les églises du ive siécle, tout comme dans celles de notre temps, il y avait à l'entrée, dans l'*atrium* ou vestibule, une ou deux fontaines ou au moins des bassins d'eau servant à la purification de ceux qui venaient prier (2).

C'était là un usage imité de celui des païens, et que l'Eglise à sanctifié, en remplaçant les *aquæ minaria* d'eau lustrale par un vase d'eau, image du baptistère. « Là sont des fontaines laissant couler une eau abondante : tous ceux qui entrent dans le saint parvis du temple y lavent les souillures de leur corps : ces fontaines représentent le bain sacro-saint du baptême (3). »

Dans saint Paulin de Nole (4), nous rencontrons la même idée : « Un *canthare* d'eau se trouve dans le vestibule [de la basilique Vaticane], offrant son aide jaillissante à nos mains

(1) Théodoret, *Philoth.*, viii.

(2) Les musulmans ont emprunté cet usage aux chrétiens pour leurs mosquées.

(3) Eusèbe, *Hist. Eccl.*, X, iv.

(4) Ep. xiii, *ad Pammachium*.

et à notre visage ; il est orné et protégé d'un ciborium d'airain solide, entourant de ses quatre colonnes, non sans raison mystique, les eaux qui coulent. Il convient, en effet, que l'entrée de l'église soit ainsi ornée, afin que ce qui s'opère intérieurement par un mystère de salut, soit indiqué au dehors par un signe visible. »

Et c'est le cas de rappeler l'inscription de la *phiale* de Sainte-Sophie de Constantinople, répétée en beaucoup d'autres églises :

ΝΙΨΟΝΑΝΟΜΗΜΑΤΑΜΗΜΟΝΑΝΟΨΙΝ

« Lave tes péchés, et non seulement ton visage (1). »

Cependant, l'eau ainsi offerte aux fidèles dans les anciennes églises n'était pas bénite. Nous ignorons absolument quand l'usage vint de bénir les *canthares ;* toutefois ce ne dut pas être avant que de l'eau, officiellement bénite par les priéres de l'Eglise, fût déjà employée en diverses occasions. Nous fixerions volontiers cette époque entre le xe et le viie siècle au plus tôt. En effet, au vi^e siècle seulement, nous trouvons mentionné pour la première fois l'usage de purifier les maisons avec une eau bénite ; vraisemblablement, c'est à l'imitation de ce qui se faisait pour la consécration des églises.

Le sacramentaire dit « gélasien », et celui nommé communément « missel des Francs »,

---

(1) Cette inscription est rétrograde, offrant la particularité de pouvoir être lue soit en commençant par la première lettre, soit en commençant par la dernière, en offrant le même sens.

contiennent une oraison sur un mélange d'eau
et de vin, destiné à la consécration de l'autel.
En 538, le pape Virgile recommande à l'évêque
espagnol Profuturus l'emploi de l'eau exorcisée.
A la fin du VIᵉ siècle, saint Grégoire le Grand
donne à ce rite une extension considérable,
en prescrivant, pour la dédicace de l'église,
l'eau appelée depuis « grégorienne », et que
nous décrirons plus loin. A la même époque,
on trouve également (Rome, Espagne), des
formules de bénédiction pour l'eau destinée à
asperger les monastères, puis les maisons, mais
elles paraissent encore inconnues en France, et
nos sacramentaires gallicans n'en font point
mention.

En Orient, la vie de saint Théodore, évêque
d'Anastasiopolis, en Galatie, nous offre plusieurs
exemples d'emplois divers de l'eau bénite, dont
l'un, fort intéressant, rentre dans ce dernier cas.
Mais l'usage principal est celui d'eau bénite
pour les malades, dont les anciens livres
des églises orientales nous donnent plusieurs
formules de sanctification. Une fois cependant,
le biographe et disciple du saint, Georges d'E-
leusis, mentionne une oraison spécialement
improvisée par son maître.

C'était pour un lépreux, atteint de la tête aux
pieds. Le saint se fait apporter de l'eau, et prononce la belle prière suivante : « Seigneur Jésus-
Christ notre Dieu, qui, par le ministère du
prophète Elisée, avez guéri Naaman de la lèpre,
et qui, descendant vous-même en personne

parmi nous, avez guéri un lépreux, regardez cette eau, et, en la bénissant, communiquez-lui la vertu de guérir votre serviteur, afin qu'il s'en retourne plein de santé, pour la gloire de votre saint nom. » Il étend la main sur l'eau, la bénit d'un signe de croix, puis la verse sur le lépreux, qui guérit.

Une autre fois, au cours d'un voyage, Théodore reçut la visite d'un général qui le pria de venir à sa maison, témoin de divers phénomènes psychiques ou spirites, comme nous dirions maintenant.

Les personnes et les animaux eux-mêmes étaient victimes d'étranges et bizarres manifestations d'une puissance mauvaise. Par exemple, les habitants de la maison étaient-ils réunis pour le repas, qu'une grêle de pierres, venues on ne sait d'où, tombait sur les tables. Ou bien, les toiles que tissaient ou brodaient les femmes leur étaient violemment arrachées. D'autres fois, des quantités de rats et de serpents semblaient sortir de toutes les parties de la maison, et faisaient fuir les habitants terrifiés, tant et si bien qu'on avait fini par déserter l'habitation au moment où saint Théodore fut invité par le propriétaire.

L'évêque fait toute une vigile de prières, consacre de l'eau et en asperge ensuite toutes les parties de la maison, où les phénomènes mystérieux cessent aussitôt (1).

____

(1) Qu'on remarque l'analogie parfaite de ces faits racontés par un contemporain, avec les manifestations du même ordre constatées de

C'est dans le but de se prémunir contre des incursions analogues de l'esprit mauvais qu'on prit l'habitude générale de bénir une eau spécialement destinée à l'aspersion des maisons. En Espagne, un tel usage existait déjà puisque, dans la *Vie de saint Émilien*, par l'évêque Braulion de Saragosse, nous lisons à ce propos :

« Il indique un jeûne, et réunit près de lui l'ordre des prêtres qui habitaient en ce lieu. Le troisième jour, le vœu du jeûne indiqué étant accompli, il exorcise du sel, le mélange à l'eau suivant la coutume ecclésiastique, et commence à en asperger la maison (1). »

Ce texte, joint à d'autres, a permis au savant éditeur du rituel de l'église mozarabe (2) de faire remarquer la haute antiquité des prières prescrites pour cette cérémonie.

Avec cette même eau exorcisée, mêlée de sel, et consacrée par les prières du prêtre, s'introduisit peu à peu l'usage d'asperger non seulement un monastère ou une maison nouvellement construite, mais encore tout lieu d'habitation en toute occasion, ceux qui s'y trouvent, et enfin les fidèles réunis, par exemple à l'église, pour la messe solennelle du dimanche.

---

nos jours, soit par suite d'évocations, soit dans de mystérieuses apparitions, comme à Tilly. Dans les uns comme dans les autres cas, ces phénomènes cessent à la suite d'adjurations religieuses et d'emploi d'eau bénite.

(1) Patr. Lat., LXXX, 708-709.

(2) Dom M. Férotin, *Liber ordinum*, dans les *Monumenta Ecclesiæ liturgica*, publiés par Dom Cabrol.

De là, on prit aussi soin de mettre à la porte
de l'église des vases d'eau bénite à la disposition
des fidèles, afin qu'ils puissent en emporter pour
asperger eux-mêmes leurs demeures. C'est seulement vers le xe siècle que ces derniers usages
s'implantèrent (1).

Ainsi, un Concile de Nantes, tenu vers l'an 900,
prescrit que : « Chaque dimanche, avant la
messe, tout prêtre bénira l'eau dans un vase
propre et convenable à un si grand mystère. Il
s'en servira pour faire l'aspersion sur le peuple,
au moment où il entre dans l'église. Faisant le
tour du parvis de l'église, précédé de la croix,
il l'aspergera également et priera pour les âmes
des trépassés qui y reposent. Ensuite, quiconque
le voudra emportera de cette eau dans des vases,
pour en asperger les maisons, les champs, les
vignes, même les troupeaux et leur fourrage,
enfin, la nourriture et la boisson. »

A la même époque, le pape Adrien III bénit
de l'eau, que les prêtres vont distribuer au
peuple, pour en asperger les champs et les
vignes infestées de sauterelles.

Enfin, l'empereur d'Orient Léon VI, dans sa
Préparation guerrière, recommande au général, « la veille de chaque combat, de veiller à ce
qu'un prêtre purifie l'armée entière par l'aspersion d'eau bénite ».

L'aspersion générale avec de l'eau bénite était

---

(1) Ce fut peut-être un des effets des fausses décrétales, dont j'ai
déjà parlé à l'occasion du pape saint Alexandre.

désormais un fait acquis. A la fin du moyen âge, les prescriptions du concile de Nantes avaient force de loi dans toute l'Eglise d'Occident, et on avait pris l'habitude d'exécuter pendant l'aspersion du peuple, le dimanche, l'antienne *Asperges me*, avec le psaume *Miserere*.

En même temps, par confiance dans les vertus de l'eau bénite, les fidèles entrant dans le temple allaient se purifier dans les vases qui la contenaient, à l'entrée de l'église, se munissant du signe de la croix, de préférence à l'eau des fontaines, canthares ou phiales du parvis. L'usage et la forme de l'eau bénite étaient définitivement fixés : ils n'ont point changé jusqu'à présent.

Les diverses espéces d'eau bénite.
Comment on la consacre.

Nous l'avons donc vu, au cours de cette étude, il y a plusieurs espéces d'eau bénite : l'eau baptismale d'abord, celle qui est destinée à l'usage des malades, l'eau pour la bénédiction des autels et des églises, enfin l'eau bénite ordinaire. Chacune de ces espèces, diverse par son origine, l'est aussi par ses rites et ses prières, dont nous avons déjà donné quelques intéressants exemples, et que nous étudierons ici plus spécialement, d'après les usages de l'Eglise d'Occident.

De toutes ces eaux, c'est l'*eau baptismale* qui est proprement *consacrée*. La forme rituelle destinée à cet effet naquit, nous le savons, dans l'église d'Afrique, au second siècle de notre ère, et, dès le quatrième, toutes les églises bénissaient de même l'eau. Longtemps, cette consécration fut réservée à l'évêque ; c'est seulement lorsque les villages se créèrent, tels qu'ils existent maintenant, que la faculté de « faire » l'eau baptismale fut déléguée aux curés seuls. Les livres liturgiques ont contenu, et contiennent encore, plusieurs fonctions diverses pour la bénédiction de cette eau.

La principale et la plus solennelle bénédiction s'en fait chez nous le Samedi Saint, dont la nuit fut autrefois particulièrement réservée à la réception et au baptême des catéchumènes.

Le célébrant, entouré de tout le clergé, s'avance à la porte du baptistère, et prie d'abord Dieu de bien vouloir donner l'effet de sa puissance aux mystères que l'humble ministère du prêtre se prépare à célébrer. Puis, dans une grande et magnifique préface, il chante les gloires de l'eau sanctifiée par le Seigneur suprême (1) :

« Dieu, dont l'Esprit recouvrait les eaux, au principe même du monde, pour que leur nature en conçut une puissance sanctificatrice ; Dieu, qui lavant par les eaux les crimes du monde coupable, avez ainsi désigné pour être l'agent d'une sorte de régénération le déluge lui-même, afin que, dans le mystère d'un unique élément, on trouvât la fin des vices et la source des vertus ; vous qui, par l'impétueux courant de votre grâce réjouissez votre cité, et ouvrez la fontaine baptismale aux nations de toute la terre, pour qu'elles y soient rénovées, regardez, Seigneur, la face de votre église, et multipliez en elle vos régénérations, afin que, par la puissance de votre majesté, elle reçoive, de votre

----

(1) Cf. Tertullien et les Pères de Carthage, passages cités plus haut. On trouvera le texte complet de cette préface dans les livres d'office, paroissiens complets ou quinzaine de Pâques, le Samedi Saint, à l'office du matin.

Esprit-Saint, la grâce de votre Fils unique [ici, le célébrant divise l'eau par un signe de croix]. Qu'il féconde, par l'infusion de sa volonté divine, cette eau préparée pour la régénération des hommes ; afin que, conçue dans la sanctification, née à nouveau du sein pur de la divine fontaine, une race céleste émerge, et que la grâce, comme une mère, engendre dans une même enfance ceux que le sexe distingue quant au corps, ou l'âge quant au temps. »

Ensuite, vient l'exorcisme :

« Arrière donc d'ici, par votre ordre, Seigneur, tout esprit immonde : arrière toute perfidie de la ruse diabolique. Que rien de ce lieu ne souffre de l'admission d'une force contraire : qu'elle ne circule pas insidieusement, qu'elle ne ruine pas en se cachant, qu'elle ne corrompe pas en s'y fixant. [Il touche l'eau avec la main.] Que cette sainte et innocente créature soit libre de toute incursion de l'adversaire, et purgée par l'éloignement de tout mal. Qu'elle soit la source vive, l'eau régénératrice, l'onde purifiante, et que tous ceux qui seront lavés dans ce bain salutaire, l'Esprit-Saint opérant en eux, en reçoivent un pardon de parfaite purification. »

Et le célébrant, bénissant l'eau par trois signes de croix, en répandant avec la main vers les quatre parties du monde, s'adresse à elle de cette manière éloquente :

« C'est pourquoi je te bénis, créature de l'eau, par le Dieu vivant, par le Dieu vrai, par le Dieu saint, par le Dieu qui, dans le principe, te sépara de l'aride par sa parole, et dont l'Esprit s'étendait sur toi ; qui te fit couler de la source du paradis, et t'ordonna d'arroser la terre entière de quatre fleuves ; qui, dans le désert, d'amère, te marqua pour la douceur et te rendit potable, ou te fit sortir du roc pour le peuple altéré. Je te bénis aussi par Jésus-Christ, son Fils unique, Notre-Seigneur, qui, à Cana de Galilée, par une marque admirable de sa puissance, te changea en vin ; qui, de ses pieds, marcha sur toi, et en toi fut baptisé par Jean dans le Jourdain ; qui te produisit de son côté, mêlée à son sang, et ordonna à ses disciples de baptiser en toi les croyants. »

Ces belles aspirations sont encore complétées par diverses prières, pendant lesquelles le prêtre accomplit divers rites. Il souffle trois fois sur les eaux en forme de la lettre grecque ψ (*psi*), initiale du mot *psykhe*, souffle, esprit, en priant Dieu de leur donner la puissance purificatrice ; il y descend à trois reprises un cierge bénit, symbole de l'Esprit-Saint dont il implore la force qui les fécondera ; enfin il y verse quelques gouttes de l'huile d'onction des catéchumènes, et du chrême saint, mêlé de baume. C'est avant ce dernier acte qu'on tire de l'eau pour l'aspersion et la distribution aux fidèles.

Le samedi, vigile de Pentecôte, on recommence la même cérémonie. Toutefois, dans le sacramentaire gélasien, d'autres prières, moins lyriques, sont prescrites pour cette seconde fonction ; elles consistent simplement en exorcismes et oraisons alternés, dont plusieurs sont conservés dans le rituel actuel, pour la bénédiction de l'eau baptismale pendant l'année, quand l'eau consacrée fait défaut.

Les rites particuliers usités avant le IXe siècle dans les églises des Gaules et de l'Espagne suivent le même plan que la liturgie romaine qu'on vient d'expliquer. Ce sont les mêmes idées, presque le même ordre et les mêmes locutions. Mais, dans le premier sacramentaire gallican, l'exorcisme s'adresse directement au démon, avec une vigueur remarquable :

« Je t'exorcise, toute l'armée diabolique, toute la puissance adverse, toute ombre démoniaque. Je t'exorcise au nom de Notre-Seigneur Jésus-Christ... Crains et tremble, toi, et toute ta malice ; fais place à l'Esprit-Saint ;... par Notre-Seigneur Jésus-Christ, qui doit venir, sur le trône de majesté de son Père, avec ses saints Anges, te juger, ennemi, par le feu, pour les siècles des siècles. »

Une grande partie des prières du rituel wisigothique, ou mozarabe, se retrouve dans le pontifical romain ou l'ambrosien (1). L'une d'elles, en particulier, qui reparaît à Rome dans les cérémonies de la dédicace des églises, est une sorte de péan d'un étonnant lyrisme, une hymne enthousiaste en l'honneur de l'eau, mère du monde, rappelant les invocations chantées par l'antique Égypte, pendant la fête du Nil :

____

(1) Cf. Dom FÉROTIN, *op. cit.*, col. 29-30.

« (1) Sois sanctifiée par la parole de Dieu, onde céleste ; sois sanctifiée, eau foulée par les pas du Christ ; pressée par les montagnes, tu n'es pas enfermée ; divisée en fragments, tu n'es jamais rompue ; répandue par le monde, tu ne manques point. Tu soutiens l'aride, tu portes le poids des monts, et tu n'es pas écrasée ; tu es contenue jusque par le sommet des cieux ; et, partout jetée, tu laves tout et rien ne peut te laver.

. . . .

« Portée dans les nuées, d'une pluie féconde, tu réjouis les champs. Par toi, un breuvage doux à la bouche, salutaire à la vie, est versé aux corps desséchés par l'ardeur de l'été.

« C'est toi, cachée dans des veines profondes, qui donnes à la terre un esprit vital ou un suc fertile, de peur que défaillant en ses entrailles desséchées, elle ne puisse abandonner ses superbes moissons.

(1) Sanctificare per verbum Dei, unda cælestis ; sanctificare, aqua calcata Christi vestigiis ; quæ montibus pressa, non clauderis ; quæ scopulis illisa, non frangeris ; quæ terris diffusa, non deficis. Tu sustines aridam, tu portas montium pondera, nec demergeris ; tu cælorum vertice contineris ; tu circumfusa per totum lavas omnia, nec lavaris.

. . . .

Tu, gestata nubibus, imbre jucundo arva fœcundas ; per te aridis æstu corporibus, dulcis ad gratiam, salutaris ad vitam potus infunditur. Tu intimis scaturiens venis, dat spiritum inclusa vitalem, aut succum fertilem præstas, ne siccatis exinanita visceribus, solemnes neget terra proventus.

Per te initium, per te finis exsultat ; vel potius ex Deo est, tuum ut terminum nesciamus ; aut tuorum, omnipotens Deus, cuius virtutum non nescii, dum aquarum merita promimus, operum insignia prædicamus.

« En toi est tout commencement, en toi, on se réjouit de toute fin, ou plutôt c'est en Dieu, pour ne pas ignorer ton origine ; ou mieux, Dieu tout-puissant, dont nous n'oublions pas la force, tandis que nous chantons les mérites des eaux, ce sont les merveilles de tes œuvres que nous louons. »

Je ne crois pas qu'aucun autre formulaire de bénédiction contienne de plus beaux accents, aussi admirablement soutenus d'un bout de la pièce à l'autre, et où passe un souffle plus superbe.

Une seconde espéce d'eau bénite est destinée aux malades ; nous l'avons plusieurs fois rencontrée sur notre chemin. Sa bénédiction n'est point solennelle : elle consiste en une simple oraison et un signe de croix. On a vu que cet usage remonte au iii° siècle, et est originaire des églises d'Orient. Le rituel romain actuel ne contient aucune prière pour cette eau, mais on en trouve dans les suppléments ou appendices au rituel pour des églises locales.

Une troisième espéce d'eau bénite sert pour la dédicace des autels et des églises. Jusqu'au vii° siècle, là au moins où elle était en usage, cette eau était mêlée d'un peu de vin ; on la bénissait par une seule oraison, sans autre solennité. Le pape saint Grégoire le Grand transforma ce rit en une bénédiction solennelle, où fut intercalée l'hymne à l'eau que nous venons de voir, et composa cette eau bénite, de quatre éléments : l'eau ; le sel, symbole de l'incorruptibilité et de la fécondité ; la cendre, marque de pénitence, de douleur et d'humilité ; le vin enfin, qui représente la force, la joie et la vie.

Chacun de ces éléments, exorcisé et bénit, est ensuite mêlé aux autres : l'évêque se sert de cette eau, nommée à cause de son origine, « eau grégorienne », pour les aspersions qu'il fait de l'édifice sacré, au bas, au haut, et au milieu des murs.

Enfin, la dernière espèce d'eau bénite est celle dont nous nous servons habituellement. Ce que les anciennes traditions romaines rapportent à ce sujet rattache cette eau à une des espèces de l'antique eau lustrale des païens. Eau mêlée de sel, et sur laquelle on fait un signe de croix ou même on prononce une courte formule, on la destine tout d'abord à asperger les maisons, ainsi on lui conserve sa destination populaire primitive, en lui conférant un cachet chrétien.

Il n'apparaît pas que sa bénédiction ait été tout d'abord réservée aux chefs de l'église : les exemples plus haut cités montrent que seulement au vi° et au vii° siècle les églises latines firent de la bénédiction de l'eau d'aspersion un rit spécial et sacerdotal. L'eau ainsi bénite ne paraît même avoir servi, en principe, que pour la purification d'une maison neuve, comme le portent les anciens ordos. Partout cette fonction sacrée est composée d'exorcismes et d'oraisons alternés, qui varièrent suivant les églises : aussi, les anciens manuscrits contiennent-ils, à partir du vii° siècle, un grand nombre de formules

diverses pour la bénédiction de l'eau d'aspersion.

D'un rituel du x⁰ siècle, conservé à la Bibliothèque impériale de Vienne, en Autriche, nous
extrairons d'abord ce début majestueux et
grandiose :

« Dieu, qui siégez sur un trône sublime,
porté par les Chérubins et les Séraphins, et
contemplez toute la profondeur et la largeur de
l'abîme du monde ; Dieu, aux lois éternelles de
qui la nature entière est soumise ; Dieu à la
volonté duquel tout ce qui résiste est affaibli, et
tout esprit immonde et ennemi qui se révolte
contre vos saints ordres, rejeté ; Dieu, qui
détruisez les forces des méchants, et rendez
nulles les attaques de l'ennemi contre vos fidèles ;
c'est vous, Seigneur, que nous prions en sup-
pliant, pour qu'apaisé, vous jetiez un regard
vers notre défense, que vous sanctifiiez de la
bénédiction de votre grâce cette créature de sel
et d'eau, la rendiez efficace par les purifications
dont elle a besoin, afin que tout ce qui en aura
été aspergé, soit délivré de toute impureté des
esprits immondes (1). »

Malgré que cette bénédiction ait été écrite à
l'usage d'une église latine, son style est plutôt
oriental ; le début rappelle celui d'une des oraisons employées pour la consécration de l'eau
baptismale dans l'église éthiopienne : « Dieu du

____

(1) Patr. lat. cxxxviii, 1039.

ciel... Dieu de gloire, qui habites au-dessus des Chérubins et des Séraphins (1) » ; cette oraison n'est elle-même que le développement du canevas donné par les Constitutions Apostoliques.

Telle qu'elle a été fixée, et avec des éléments dont plusieurs remontent au vi^e siècle, la bénédiction de l'eau d'aspersion a lieu ainsi : « les jours de dimanche et quand il en est besoin, du sel et de l'eau pure étant préparés dans l'église ou la sacristie, le prêtre, revêtu du surplis et de l'étole violette (2) », invoque le nom du Seigneur, et exorcise ensuite le sel « par le Dieu vivant et le Dieu vrai, par le Dieu saint, par le Dieu qui ordonna au prophète Elisée de le jeter dans l'eau, pour en guérir la stérilité ». Ensuite, il demande à Dieu de bénir le sel ainsi exorcisé, « pour la santé de l'âme et du corps de tous ceux qui en prendront (3). »

Vient ensuite l'exorcisme de l'eau, puis sa bénédiction ; enfin la commixtion du sel et de l'eau, et la belle oraison finale : « Dieu, principe d'une puissance invincible, roi d'un empire inébranlable, et toujours triomphateur magnifique : qui brisez les forces des dominations adverses ; qui surmontez la fureur de l'ennemi rugissant ; qui déjouez puissamment ses ruses hostiles ; c'est vous, Seigneur, que nous prions tremblants et suppliants, et nous vous deman-

(1) Id., 944. Ces oraisons peuvent servir à l'histoire de la curieuse formule : *Qui sedes super Cherubim et Seraphim.*
(2) Rituel romain, dont nous tirons tout ce qui suit.
(3) Dans certaines églises, comme à Trèves, on mettait autrefois un vase de sel bénit à la disposition des fidèles.

dons de daigner regarder cette créature d'eau et de sel, de l'élever dans votre bonté, de la sanctifier de la rosée de votre pitié, afin que partout où elle aura été répandue, par l'invocation de votre saint nom toute incursion de l'esprit immonde s'éloigne, la terreur causée par le serpent venimeux soit au loin rejetée, et que la présence du Saint-Esprit daigne en tout lieu être avec nous qui demandons votre miséricorde. »

L'eau étant ainsi bénite, le prêtre asperge l'autel, lui, les assistants et le peuple, tandis qu'on chante l'*Asperges me* et le psaume *Miserere*, ou, pendant le temps pascal, l'antienne *Vidi aquam :* « J'ai vu une eau sortant du côté droit du Temple, alleluia ; et tous ceux auxquels cette eau parvint furent sauvés, et dirent : alleluia, alleluia. » (Voir plus haut, page 14.)

L'aspersion ainsi faite, on termine la fonction par l'oraison *Exaudi nos*, extraite de l'antique ordo pour la bénédiction des maisons, et que voici en entier (le dimanche on passe ce qui est entre crochets) : « Exaucez-nous, Seigneur Saint Père Tout-puissant Eternel Dieu ; et, [comme à leur sortie d'Egypte, vous avez préservé de l'ange du fléau les maisons des Hébreux, teintes du sang de l'agneau, qui figurait le Christ, pâque immolée pour nous ; ainsi,] daignez envoyer votre saint ange des cieux, pour qu'il garde, soigne, protège, visite et défende tous ceux qui habitent en cette maison. »

Il est d'usage de mettre de cette eau d'aspersion dans des vases, que nous nommons en français *bénitiers*, placés à la porte des églises, et même, en certains pays, à l'entrée des cimetières. « Les fidèles peuvent en emporter avec eux pour asperger les malades, les maisons, les champs, les vignes, etc., et en garder dans leur chambre, pour l'asperger chaque jour et plus souvent (1) », s'ils le désirent.

Bien que l'eau ainsi bénite, placée à la porte des saints édifices, soit surtout destinée à se purifier à l'entrée dans le temple, l'usage est venu cependant d'en prendre aussi en sortant. La même eau est employée pour toutes les aspersions et purifications, quand il n'en est pas prescrit de spéciale.

Dans les rits des églises orientales, notre eau d'aspersion n'est guère connue. Mais ces liturgies ont, à la vigile de l'Epiphanie, un superbe office consacré à l'eau, en mémoire du baptême de Jésus commémoré en ce jour. Cette coutume est même passée à certaines églises latines en contact avec les rits d'Orient, et c'est avec une fonction du même genre que celle de la bénédiction des rameaux qu'elles bénissent les eaux, d'une manière particulière, en ce jour.

D'abord, le clergé s'avance solennellement vers l'eau, tandis qu'on chante un répons, puis l'*Afferte Domino* avec l'antienne *Vox Domini super aquas, alleluia*, etc., et d'autres psaumes

---

(1) Rituel romain.

choisis, avec leurs antiennes ; suit la litanie, puis
un premier exorcisme de l'eau. Ensuite, le sous-
diacre ou un acolyte lit une leçon du livre des
Nombres, xx, le chœur chante le répons, l'alleluia, et le diacre dit le passage de l'Évangile de
saint Jean, quand Jésus assiste à l'Hoschanna
Rabbah. (Voir page 13.)

Alors commence la bénédiction proprement
dite, avec plusieurs exorcismes et oraisons, pro-
noncés sur l'eau et sur le sel, division de l'eau
en quatre parties, touchement de l'eau ; cette
première partie est terminée par une très longue
et fort curieuse préface, coupée d'*Amen*, comme
celle des Éthiopiens dont j'ai plus haut parlé (1),
et pendant laquelle a lieu une cérémonie toute
spéciale. Tandis, en effet, que le prêtre commence cette anaphore, des clercs ont, à la sacristie, revêtu d'ornements de circonstance un
« parrain », qui s'avance, portant sur un riche
voile une croix ; il est accompagné d'un diacre,
d'un sous-diacre et de clercs, portant des
cierges et encensant continuellement. Arrivé à
l'endroit où l'on bénit l'eau, le parrain fléchit le
genou, et le prêtre, ayant d'abord encensé la
croix, la prend, et la plonge trois fois dans les
eaux, symbole de Jésus descendant dans le Jourdain, avec une invocation appropriée, tandis

(1) Rit semblable à l'une des antiques prières des liturgies juives,
le *Schemoné Esreh.* Cf. Dom CABROL, *Monumenta*, t. I ; et mes *Origines du chant romain,* Paris, 1907.

que le chœur chante ces antiennes, empruntées par les églises latines au rit grec, à l'époque de Charlemagne :

« Le Christ est baptisé et le monde entier est sanctifié ; il nous accorde la rémission des péchés, nous sommes tous purifiés par l'eau et l'esprit. »

« Le soldat baptise son roi, le serviteur, son maître, et Jean, son Sauveur ; l'eau du Jourdain s'étonne, la Colombe donne son témoignage, la voix du Père se fait entendre : Celui-ci est mon Fils. »

Cependant, le célébrant, ayant rendu la croix au parrain, qui la reporte où il l'avait prise, continue et termine sa préface solennelle, que le chœur conclut par le *Sanctus*. Le prêtre ajoute un *Vere sanctus* qu'il enchaîne au *Pater*, suivi d'un *Libera nos* tout particulier, et de prières d'actions de grâces.

Cette messe — car c'en est véritablement une, moins l'Eucharistie, — est terminée par la bénédiction donnée non pas aux fidèles, mais à l'eau ; suit le chant du *Credo* avec l'aspersion, un dernier évangile, qui raconte le baptême et la généalogie de Jésus (Luc, III, 21-38, IV, 1), et enfin le *Te Deum.*

On se souvient comment une cérémonie analogue se faisait à Saint-Pétersbourg, avec une solennité peu commune, sur les bords de la Néva, jusqu'à ces dernières années, au milieu d'un immense concours de peuple et des manifestations habituelles de la joie publique. Il y avait là pour

les Russes, en effet, un souvenir particulier, car
ce rit accompagna le premier baptême de leur
nation, quand Wladimir se convertit avec tout
son peuple.

APPENDICE

L'archéologie de l'eau bénite n'offre pas un développement fort important, quant aux vases, fontaines, bénitiers, aspersoirs, dont on se sert pour son emploi. L'Église a surtout réservé son ornementation la plus brillante aux baptistères, non point en vue de l'eau bénite elle-même, mais à cause de la dignité du baptême. Nous ne décrirons donc pas cette ornementation.

Les vases destinés à contenir l'eau bénite ordinaire n'ont jamais, à ce que je sache, reçu de forme ni d'ornementation spéciale.

Les plus anciens bénitiers consistent simplement dans une pierre creusée ; les vases pour l'aspersion sont munis d'une anse mobile, tels des seaux, comme ceux du reste dont on se servait spécialement pour transvaser l'eau baptismale, par exemple le célèbre seau liturgique de Carthage du IVᵉ siècle. L'ornementation est toujours très simple, quand il y en a.

Les aspersoirs n'ont pas toujours été en usage. Les plus anciennes descriptions rituelles des aspersions, comme celles de la dédicace des églises, font toujours mention d'un rameau d'hysope. On peut supposer que les premiers aspersoirs ont été un manche de bois ou de métal destiné à porter ce rameau. Plus tard, l'aspersoir ordinaire porta des touffes de crins, et on lui donna en France le nom de *goupillon*. On fabrique maintenant des aspersoirs ou goupillons terminés par une petite éponge renfermée dans une capsule de métal percée de trous.

La distribution de l'eau bénite, le Samedi Saint, a été chez nous l'occasion de curieuses coutumes populaires. Dans beaucoup de campagnes, les enfants de chœur vont porter l'eau dans les maisons, et en certains endroits, les aspergent même ; on a eu soin de leur préparer quelques cadeaux, généralement des œufs, tenus en réserve à la fin de la Semaine Sainte. Au moyen âge, c'était, dans les villes, un profit des étudiants pauvres.

Cette distribution d'eau bénite est parfois accompagnée de cris ou de chants traditionnels : en divers lieux, les enfants annoncent ainsi la résurrection ; en d'autres, c'est une chanson de « quête », sur l'air du cantique populaire *O Filii*, comme en Normandie ; dans certains cantons de Lorraine, les enfants en « crécellant » l'office du matin à travers les villages, préviennent les habitants : *Daraing coup, prépar' vous ous, pou tantout* (c'est le dernier coup, préparez vos œufs, pour tantôt).

TABLE DES MATIÈRES

2272-06. — Imprimerie des Orphelins-Apprentis, F. BLÉTIT.
40, rue La Fontaine, Paris.

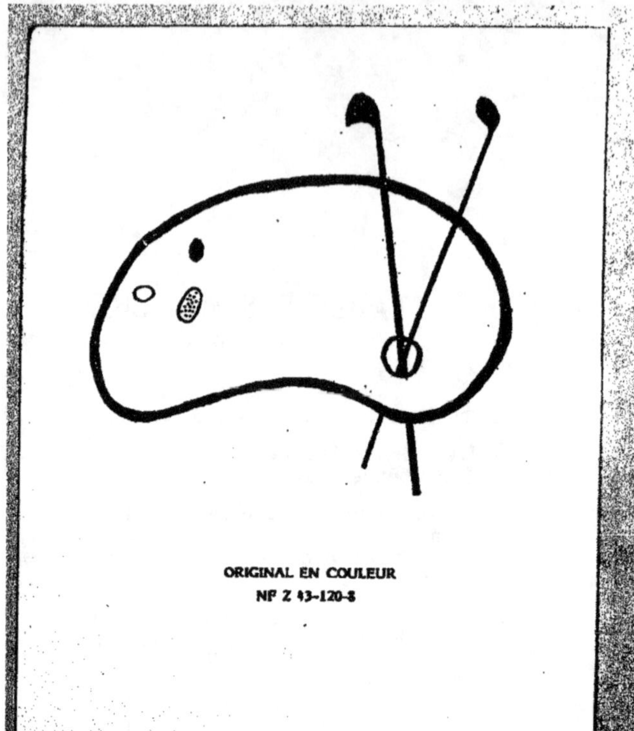
ORIGINAL EN COULEUR
NF Z 43-120-8